Yeo Yeon

흙의 색

ㅇ의 색

여연 시집

프롤로그 Prologue

세상에서 가장 작은 물고기
씨알 하나 꺼내 날개 단다

얕은 물에 앉아
바람이 일기를 기다리는데

바다에서 바람이 일면
구만 리 하늘 날지 못 해도

나의 시는 바람에 바람 싣고
깊은 바다로 간다

2017. 겨울
여 연

차례

프롤로그Prologue

제1부 사람이 꽃이다

15 · 이름을 묻다
16 · 살사리꽃
17 · 달맞이꽃
18 · 능소화
20 · 너에게서 나를 떼어 낸다
22 · 과꽃
23 · 상사화
24 · 참회
25 · 흔들리는 날
26 · 빈 수레
27 · 가을비
28 · 모탕
30 · 길
32 · 고장 난 피아노
34 · 냉면
35 · 당신의 구두
36 · 족두리꽃
37 · 그대에게 가는 길

길, 그 아득함 제2부

시詩살이 · 41
참새의 전성시대 · 42
시를 아십니까? · 44
홍어 · 45
아마도 · 46
분수 · 48
비 · 50
중복中伏 · 52
길은 멀지 않다 · 54
어느 노부부 · 55
꽃이라 부를 수 없는 이름 · 56
일탈 · 59
야상곡 · 60
숨비 · 62
조상 · 64
어둠 후에 찾아오는 것 · 66
관계 · 67
우산 · 68
아무 일도 없는 밤 · 70

제3부 존재 너머

75 · 엇갈림
76 · 안개
78 · 은린銀鱗
80 · 독백
82 · 낙엽
83 · 가을애愛
84 · 풍경
86 · 화사花師
88 · 디오니소스에게
89 · 바다에는 노을이 머물지 않는다
90 · 꿈
92 · O의 색
94 · 밤송이
95 · 겨울
96 · 몸국
97 · 헛꿈
98 · 그림내
99 · 여름
100 · 삭朔

바람 제4부

처용가處容歌 · 105
오지의 바람 · 106
착시 현상 · 108
종합검진 · 110
도대불 · 112
목어木魚 · 114
바람의 약속 · 116
우리가 휘청거리는 사이 · 118
원효 · 120
복숭아 · 121
만복사 · 122
수박 · 124
겨울을 지나가는 것들 · 126
5월에 날아오른 색 · 128
물푸레나무 언덕 · 131
꽁무니 미학 · 132
흐린 날 · 134
휴식 · 135

[해설] 열정과 냉정 사이 | 임채우 · 137

제1부

사람이 꽃이다

이름을 묻다

말을 잊은 지 오래된 여자가
종일 이 산 저 산 뛰어다니며
이 꽃 저 꽃의 이름을 묻는다

사는 게 꽃 피는 일 같아서
죽는 게 꽃 지는 일 같아서
꽃도 모르는 이름을 꽃에게 묻는다

계절마다 바람은 꽃 볼을 희롱하고
구름은 이따금 어둠을 드리우는데
오늘 만난 너에게 또 이름을 묻는다

살사리꽃

해 질 무렵
산봉우리에 이내 퍼질 때
살피꽃밭 살사리꽃은
하잔하다고 욜랑거립니다
함부로 흔들린다고
당신은 가볍다 말하지만
벌바람 는실난실 손장난에
꽃숭어리는 지금 웃는 게 아닙니다
치열하게 사랑하는 겁니다
새초롬 등 돌린 꽃대는
무람한 고갯짓입니다
당신이 모르는 사이
바람꽃 뽀얗게 일어나
꽃잎에 새긴 다짐은 가뭇없이 지워지고
해념이만 붉게 유정합니다

달맞이꽃

달빛이 산하에 내리는 밤
한껏 벌어지는 색기
현란한 손짓에 녹아드는 바람
행여 꽃밭에 방뇨하지 마소
저만치 두고 보기만 하여도
가슴에 댕댕
종소리 울리는데

능소화

대문 앞 능소화에
소문이 무성하다

한창 물오른 여인 앞에서
폐문은 얼굴 붉히는데
낡은 담장을 넘는 소문

옆에 선 모과나무에서
풋내기 모과
공연히 파랗게 질려
탱자만한 알을 오므린다

방아깨비 방정맞은 춤사위에
벌겋게 달아오른 얼굴로
가쁜 숨 몰아쉬는 능소화는
마른 가지 다 태울 작정인 듯

잡풀 무성한 폐가에 난데없이
자갈 찌걱거리는 소리
발밑을 간질인다

너에게서 나를 떼어 낸다

날개 편 접시꽃
푸른 물결 도드라진
붉은 꽃잎 곱기만 한데
사위어가는 몸 사이사이
너를 심어 붉어질 수 있다면
나는 기꺼이 한 줌 흙이 되리라
삶은 늘 어긋난 길 같아서
파도는 뭍으로 오르고
나무는 숲으로 기었지
너는 오고 나는 가는
시간의 엇갈림이 서러워도
어디로든 가야만 한다면
따뜻한 한 줄기 볕이
그곳에도 있었으면 해
다가올 이별의 얼굴 보이질 않으니
네가 오지 않는 시간과
네가 없는 세상이 두려워

너에게서 나를 떼어 낸다
꽃이여

과꽃

무슨 할 말 그리 많아
자그마한 혀를 주렁주렁 달고서
날마다 내 창가를 기웃대는가

어디에서 와 어디로 가는지
묻지는 않으련다
너나 나나 한 계절 지나가는 바람
홀로 새우는 밤이 천근이었던 게지

한 뼘 내 자리 기꺼이 내어 주려니
하고 싶은 말일랑 모다 꺼내어
한적한 침상에 보라 등 밝혀 놓고
너와 나 몽롱한 빛으로 물들어 보자

홀연 날아와 보라보라 떠들며
시름만 겹겹 쌓은 고단한 영혼아

상사화

간다고
화내지도
미워하지도 말자

꽃에게 자리를 내어 준 잎처럼

지금은 말없이
내 몸을 벗을 때

생각도 부질없는
적막강산 깊은 밤

알몸으로 서서
꽃등만 붉히는……

참회

꽃씨 하나 뿌렸습니다

물 주고 거름 주니
싹이 나고 꽃이 피었습니다

눈으로 입으로 칭찬하고
손으로 마음으로 간섭하였습니다

꽃에게 죄를 지었습니다

흔들리는 날

하루살이는
하루만큼의 무게를 지고

매미는
이레만큼의 무게를 지는데

나는
몇 날의 무게를 지며
하루하루 가라앉고 있나

가을 오는 길섶에서

들꽃 한 송이
고개 떨군다

빈 수레

씨 뿌리고 가꾸지 않아
가을 와도 텅 빈 터알

굳이 거둘 것도 없어
겨울엔 은결들겠습니다만,
몽글게 먹고 가늘게 누면
애매할 일도 없겠습니다

하물며,
애면글면 애면글면
덜컹거릴 일이겠습니까

가을비

이비인후과에 들어서면
근엄한 얼굴로 처방을 내리는 의사
기계처럼 차다

"가망이 없습니다"
어머니 청력에 내려진 사망 선고
귀를 잃었는데 눈앞이 캄캄하다니

못 볼 꼴 다 보고
못 들을 소리 다 듣고 산 세상
이제는 유야무야 살아도
억울할 것 없으련만,
세상 다 잃은 듯

찬바람 거세진 거리로 내려설 때
가을비에 젖은 은행잎
파르르 떤다

모탕

제 살 깎이며
모질게 살아가는 둥치
옹이가 단단히 박혀 있다

굳은살 떨어져 나간 자리에
허리 잘쏙한 모래시계
째깍거리며 남은 시간을 잰다

믿는 구석이 있으니
무딘 쇠도 함부로 춤추는 거겠지

단단히 받쳐주는 힘
어련무던한 성미도
세월이 지나면 아모리지는데

깊이 패는 희생과 아픔 없이
앤생이는 모진 겨울을 어찌 견디었으리

부서진 살만큼 누군가는 따뜻할 게다

곁가지 떠나간 나무 밑동
뒤돌아 누운 어머니 등에서
끙끙,
살점이 튄다

길

헤지고 갈라 터진 비포장 도로
건조한 바람만 가득하여
풀 한 포기 자라지 않을 것 같은
척박한 어머니의 땅에 자란 길

한때 폼 나게 화장했던 적
두근거리며 둔탁한 손에 쥐여
여름내 달뜬 열병으로 아프기도 했을
여리고 수줍었던 손의 흔적은 어디 숨었을까

균열 사이사이 세월의 땟국이 차고
고목 껍질같이 뒤틀어지고 굳은
어머니 손에 새겨진 수만 갈래 길
나는 그 길 걸어 보질 못했네

산비탈 마른 땅에서도
알알이 굵은 감자 여물듯이

오래 가문 논바닥 같은
어머니의 부르튼 손으로
기름지진 못했어도 풍성했던 유년

뜨거운 피 가누지 못해 휘청이는 내게
휘어진 손가락으로 가리킨 곳엔
반듯하게 뻗은 길이 있었다

고장 난 피아노

노래 부르기를 좋아하는
엄마의 귀에 겨울이 왔다
겨울에는 소리도 날기를 멈추는가 보다

소리 없이 눈에 덮이는 골목에서
여든 해를 살아도 일곱 살 음표처럼 쨍쨍하던
엄마의 피아노는 길을 잃었다

물처럼 흐르지 못한 소통이
엄마의 달팽이관에 닿고 싶어
눈처럼 내리다가 얼어버린다

어깨 위에 수북한 절망
음계를 이탈한 도, 레, 미
하루에도 수십 번 아, 야, 어, 여
건반을 시험하는 엄마의 목에서
고장 난 피아노 소리가 났다

흔들리는 겨울나무 옆에선
이명이 밤새 눈물을 흘렸다
평생 노동하던 귀가 자유를 찾은 것처럼
엄마의 노래도 하늘을 나는 걸까

엄마는 주름진 손을 귀에 건다

냉면

동생과 함께 냉면을 먹는데
텔레비전에서는
입양아를 출산하는 공항이 방영되고
씹히지 않는 냉면 가닥은
어금니를 물고 늘어진다

남매를 키운 동생은
살기 바빠 어미 찾지 않는
두 놈 모두 자식도 아니라고
겨자 한 덩이에 콧물을 가닥가닥 뱉으며
시커먼 눈물을 냉면 그릇에 쏟는다

송곳니 날을 세워도 끊어지지 않을 핏줄
질긴 미련이 명치끝에 얹힌다

당신의 구두

당신의 발걸음
보도에 부딪는 구두 소리

달도 가로등 끝에서 졸고 있는데
구두 굽에 매달린 그림자
보도에 누운 당신의 어둠
오늘은 얼마큼 끌고 다니셨는지요

어느 골목
어느 술집에서
술 한잔으로 무게를 덜어내고
비운 술잔만큼 한숨도 덜어내고

당신은 휘청거리는 걸음으로
훌훌 그림자마저 떨쳐버리고

내일이면 오늘보다
가벼워진 당신을 보고 싶습니다

족두리꽃

화분에 심은 고추 사이
어디에서 날아와
피었는가 저 꽃,
한껏 치장한 신부 옆
고추 녀석들 얼굴 붉히니
잿빛 도시가 환해지네

그대에게 가는 길

꽃은 화장을 지우고
땅으로 내려야 하리

바다는 몇 번이나 하얗게
속을 뒤집어야 하리

천둥은 번득이며 울부짖어
하늘을 찢어야 하리

나는 수천 년을 죽어
태어나야 하리

제2부

길, 그 아득함

시詩살이

열정과 냉정 사이
내 평생 살아 본 적 없는
때 늦은 시집살이에 하루가 뾰족하다

가슴은 뜨거운 김을 뱉는데
머리는 차갑게 식어라 하고
밤새 가슴에서 쏟은 불덩이
아침이면 머리가
쓰레기,
쓸어버리라 한다

가슴은 머리를 따르지 못하고
머리는 가슴을 안아 주지 못해

눈치만 늘어가는 시詩살이

참새의 전성시대

떡국을 뺏긴 며늘
떡국떡국 울어대고
굶어서 죽은 며늘
소쩍소쩍 우는데
참새는 무슨 사연 있어
하루 종일 떠드나

참새가 성가시다
박멸을 꾀했더니
병충해 만연하여
흉작이 돼버렸네
치자治者여 이익과 손해를
무엇으로 따질 텐가

말 묶여 지낸 세월
그 한이야 오죽할까
참새들 입방아에

천하가 흔들리니
치자治者여 방앗간 옆에서는
하품도 하지 마소

시를 아십니까?

집 앞 놀이터에서
솔잎 스치는 바람소릴 적고 있을 때
나이 지긋한 분이 옆에 와 앉았다

꽤 시간이 지난 후 그분이 물었다
"시를 쓰십니까?"

내가 물었다
"시를 아십니까?"

묻고도 어이가 없는데

"30년 넘도록 그게 뭔지 찾고 있습니다"

너털웃음 툭 던지고 사라진 시인 뒤로
빗방울이 떨어졌다

홍어

짚 위에 누워 곰삭은 몸뚱이
거친 향 풍기며 코를 때린다

부드러운 육질과
오독거리는 뼈의 교차점에서

코를 찡찡 타고 올라
기어이 터지는 눈물

콤콤해진 삶

아마도

아마도 가을빛 무르익는 강나루 나룻배에 물비늘 부서지며 뱃길 부딪고 새소리 대략 울거나 노래하리라

갈 곳 잃은 눈물 엉거주춤 흰 국화 한 줌 허공에 흔들 즈음 바람 한 가닥 구름 밀며 모로 지나갈 테지만 바람을 본 자는 없다

하늘은 어쩌면 빛 바람 구름 그밖에 그리움 몇 조각 품고 있지 않아도 허공은 아닐 테다 가로 세로 추락하는 잎들은 모르긴 해도 여남은 개 쯤 슬픔을 삭일 것이다 간혹 날려도 바람과 만난 것은 우연이다 깊이 가라앉을 때까지 쌓이는 것은 낙엽의 의지가 아니듯이

내가 어머니 자궁에 움튼 것도 지금 여기에서 너를 만난 것도 내 자유는 아니다 내가 선택한 것과 선택하지 않은 것엔 이유가 없다 이 가을 내 발밑에 몸 뒤

틀며 신음하는 꽃잎 마른 몸으로 하늘 더듬는 우듬지 몰락하는 계절 보며 아름답다고 말하는 나도 하필이다

   나는 어쩌다가 계절의 붉은 물그림자를 볼 것이고 그래서 없이 외로울 것이고 때문이 아니어도 눈물이 날 것이다

   아마도 가을은 예정 없이 붉고 가을이 떠나는 데에는 아무런 반드시가 없다 내가 이 세상에 왔을 때처럼 너와 나는 흘러가는 나룻배이리라

분수

한여름 불붙은 하늘로
날아오르는 새
순리를 거스르는 아우성

땅에서 솟는 순간
샘이 되고 나무가 되고
잎이 되고 꽃이 되는데

물은 아래로만 흐른다는
성현의 가르침을 받들고
유순하게 굽이쳐 살아온 날들 있다

남 위에 올라서 본 적 없고
남 굽어 내려다본 적 없으나
솟구쳐 오르는 물 앞에서의 무력감이라니

철모르고 날뛰던 적

육상에서 기는 것은 모두 거짓
답은 언제나 꼭대기에 있다고
비상은 무죄라고
찰나의 꿈 허공에 지었던 몽니

다시 내려와야 할 운명도
찬란히 부서지는 아픔도 잊은
간절한 날갯짓

비

먹구름 뚫고
천 갈래 길이 내려온다

새들은 잠시 날개 접고
길이 내린 들녘의 수평을 바라본다
실의에 누웠던 꽃들은
일제히 몸을 세웠고
파도도 벌떡 일어섰다

나무가 길옆으로 나가 서자
수평의 하늘과 땅이 수직으로 만나고

하늘에서 내려오는 길과
하늘로 오르는 길이
힘껏 껴안는 찰나

먼 길 떠나려는 듯

논바닥에서는 우렁이가
마지막 짝짓기를 하고 있다

누가 태어날 모양이다

중복中伏

밤새 끙끙대도
시답지 않은 시
날 샜다

덥고 지쳐 잠 좀 자려는데
창틀에 매미 한 마리
중복중복 쭈르르

조용히 해라
싫어싫어 시르르

파리채로 으름장을 놓으니
메롱메롱 메르르

날지 못한 시
어쩌랴

국수 삶아 오이냉국에

얼음 몇 조각 넣고

열무 겉절이 얹어

복달임으로 열을 식힌다

길은 멀지 않다

 늘 의심의 가시가 덩굴을 이루며 그 사람의 얼굴에 상처를 내고 있었어요 내가 그 사람 눈을 보며 당신은 정말 멋지다고 말하자 그 사람의 얼굴은 햇살처럼 밝게 빛이 났지요 일순간 핏물 흐르던 그 사람의 얼굴에 딱정이가 앉아 꼬득꼬득 말라가고 그 사람이 나를 보았어요 그리움을 가득 담은 눈으로 내게 보고 싶다고 말할 때 나는 알았어요 사랑과 미움은 말의 가지 끝에서 자라난다는 것을요 그 사람과 내가 마주보았을 때 길이 열리고 우리는 함께 걸을 수 있게 되었어요 마주본다는 것이 얼마나 멋진 일이던가요 우리 사이에 난 길로 서로 다닐 수 있겠지요 내가 그 사람에게 그 사람이 내게로

어느 노부부

산책길 햇볕 내려 따사로운 봄날 오후
신발도 팽개친 채 그네에서 조는 아내
고요히 미소 지으며 손잡아 끄는 남편

병색이 짙은 아내 걸음마저 휘청대니
청매화 시샘하는 봄바람에 쓰러질까
남편은 어쩔 줄 몰라 흰 수염이 떨리는데

아내는 뿌리치며 맨발로 뛰어가고
남편은 신발 들고 한 세월 뒤쫓다가
앙상한 어깨 언저리 햇살 한 줌 쥐고 허허

꽃이라 부를 수 없는 이름

하나

나는 언제나 그들 앞에서 수동적일 수밖에 없다 그들 앞에 서면 말문이 막히고 눈도 바로 뜨지 못한다 가슴에서 요동이 일면 머릿속이 깜깜해진다

수줍어 다가가지 못하는데 부끄러워 얼굴을 못 드는데 그들은 나에게 거만하다고 말한다 진실을 말하려고 해도 그들은 자신이 오고 싶을 때만 오고 듣고 싶은 말만 듣는다

언젠가는 내 편인 듯하다 갑자기 얼굴을 바꾸고 돌아선다 자유 평등 따뜻한 얼굴로 미소 짓다 폭언과 폭압으로 금세 돌변하고 만다 거대한 이념의 수많은 얼굴 사이에서 주눅 들고 갈피 잃은 영혼은 서서히 사그라들 뿐이다

둘

 꽃의 이름을 부르듯이 내가 부를 수 없는 이름이여 누군가 나를 불러 주어야만 하는 슬픈 무대여 나는 벌거벗고 서 있는 꽃이다 배역이 주어지기를 기다리는 배우다

 무대에 불이 켜지고 내 배역의 이름을 부르면 드디어 달려 나가 커다랗게 소리칠 대사를 수없이 암송하며 차례를 기다리는 삼류이다 삼류 배우가 꾸려갈 무대 역시 삼류 연극일 뿐 어디에도 진리는 없다

 화려한 배역으로 큰 목소리를 휘두르는 저 유명한 배우들은 허망한 대사를 외칠 뿐 그곳에도 진리는 없다 부끄러워 얼굴을 들 수 없는데 무대 뒤에 숨어서 힘없는 자여 정돈되지 않은 언어는 욕설만 배설할 뿐 도처에 난무하는 오물들이여 막장으로 치닫는 줄거리여

눈을 떠 초점을 맞출 곳 없으니 암담한 것은 우리 모두의 영혼들 순풍의 돛을 달아라 높은 파도가 밀려오는데 바람도 거세게 불어오는데 선장은 어디에 있는가

우리가 치켜든 손가락이 우리 자신을 가리키고 얼굴이 붉게 멍든다 꽃이라 부를 수 없는 이름이여 꽃은 모두 얼굴이 다른데 어찌하여 같다고 말하는가

혼돈의 밤을 지나는 이들이여 판단을 미루고 어리석은 내 얼굴을 들여다보라 이념에 농락당하는 이들이여 우리는 삼류일 뿐 어디에도 진리는 없다 스스로는 한 치 앞도 볼 수 없는 꿈에서 헤매는 이들이여

일탈

제멋대로 휘어진 노송
하루가 헐렁하다

휘청휘청 흔들흔들
허공을 휘젓는 팔뚝

곧은 길만 길인 줄 알고
꼿꼿이 몸 세운 날들은
얼마나 빡빡했던가

비틀리고 싶다
넓은 허공에서
마음껏,
비뚤어지고 싶다

야상곡

촉촉한 달빛이 발가벗은 채
하늘 향해 팔 뻗은
우듬지에 내려앉는 밤입니다
부드러운 감촉이 나를 황홀하게 하네요

바람조차도 나뭇잎 위에 잠들었는지
가끔씩 깊은 숨을 내쉬고 있어요
바람의 숨결에 나뭇잎이 조금 흔들렸을 뿐
세상은 움직임 없이 고요합니다

시간이 낮게 앉아
내려다보는 나무 아래에는
그림자도 숨을 죽이고 있습니다

빛과 소음이 사라진 밤이 되어서야
비로소 당신의 눈동자에 별이 뜨고
당신이 뿜는 여린 숨결이 들리네요

두둥 둥둥,
심장의 떨림도 들리고요

오랜 방황과 고독을
내려놓을 때가 왔어요
모든 것이 내리고 있잖아요

숨비

제주섬 한라 봉우리는 허리 굽혀 바다를 줍고
바람은 파도를 밀어 육지 소식 줍는데
뭍에 간 아들 소식은 바다 깊이 잠겼는가

한숨 소리에 성산 봉우리가 업혔는지
휘영청 굽은 어깨에 망사리 걸쳐 메고
야윈 가슴엔 태왁 하나
둥글려온 목숨처럼 끌어안은 채
할망, 바다에 안긴다

숨 하나 오롯하니 너울에 싣고
깊은 자맥질 한 번에 숨 한 번
이승과 저승의 경계에서 휘효오 휘요오
날숨에 묻은 당피리 소리
꿈은 뭍에 두고 너울너울 춤추는
할망, 자맥질만 파도에 넌다

철들기 전부터 바다와 놀던 만첩해당 꽃잎
아들네 보내 줄 보름달 하나 건져
망사리 늘어지게 담아 올리자더니
숨비 소리 흥겨워 갈매기와 춤추다가
파도가 되어버린 성님 생각

건져 올린 망사리엔 눈물만 가득한데
석양빛 늘어져
할망, 바다에 눕는다

조상

한 톨 별 먼지였던 너와 내가
오늘 지구별에서 숨쉬기까지
수백억 년 부딪고 치대다가
이름도 없이 사라져간 별들이 있었다

그러고도 수십억 년 풀이었다가
꽃으로 열매로 환히 빛나다가
날짐승 들짐승 몸속에서 익고 썩어
유유전전 인간이 되기까지

내가 너였다가 네가 나였다가
몸과 마음 포개어
울고 웃으며 여기까지 왔는데
시간이 어디 그냥 지나갔으랴

너와 나 훗날도 그와 같으리라
빛과 어둠 먹으며 얼크러지고

여명에서 석양까지 함께 물들다
누군가의 조상이 되어 또 그러하리라

어둠 후에 찾아오는 것

어둠의 그늘이 번지고서야
비로소 보이는 것들이 있다

낮에는 보이지 않던 별이
빛이 사라진 후에 반짝이듯이
꽁꽁 언 세상이 되어서야
지난여름 수놓았던 꽃이 그립듯이

내가 기쁠 때 보이지 않던 네가
내 마음에 어둠 짙게 드리우고서야
강물 모두 얼고 나서야
너 홀로 피어 반짝인다

그러니 사랑아
지금은 온통 너뿐이구나

관계

네 마음에
내가 들어가는 일
내 마음에
너를 들여놓는 일
화단에 꽃 심듯 헤집으며
아플 수도 있는 일

눈 녹고
시린 바람 지나간 날
봄비에 젖듯이 스며
풀꽃 한 송이 피우듯
작은 꿈 하나 마주보며
웃을 수도 있는 일

우산

비 오는 밤 가로등 불빛에
살煞이 꽂힌다

포도에 누운 노란 새 한 마리
빗살을 끼워 조율해도
꺾인 관절은 빗줄기를 연주하지 못하고
파닥거리는 마지막 날갯짓에
고인 눈물이 전봇대 밑에서 첨벙거린다

한창일 적,
젊은 관절로 꽉 보듬었을
아버지의 억센 팔뚝
의식도 없이 병원 침대에서
수년 누워 지내는 동안
어머닌 하루도 거르지 않고
아버지의 관절을 접었다 폈지만
끝내 펴지 못한 관절

오래 묵은 이별을 생각하는지
초점 없는 눈으로 처마 끝 빗물을 바라보는
어머니의 관절도 굽어갈 즈음

문상객 없는 노상 영결식엔
재활용품으로 배를 채운 검은 봉지 하나가
상주 자리에서 졸고 있다

아무 일도 없는 밤

바람은 참으로 적당히 선선하군요
만삭인 달은 지붕 위에 앉아 숨을 고릅니다
하루의 소음도 모두 잠들었나 봅니다

오늘 밤 별이라도 찾아와 준다면
내 침대를 기꺼이 비워 드리겠습니다만,
별은 너무도 멀리서 딴청만 합니다

나무는 커다란 그림자를 이고 섰군요
고양이는 덤불 속에서 새끼를 핥고 있어요
모든 것이 완벽하게 적당한 밤입니다

누가 내게 화살 하나 날려 준다면
내 심장을 기꺼이 내어 드리겠습니다만,
사수는 어디에서 깊이 취해 있나 봅니다

구름마저 조용히 하늘을 덮어

꽃 한 송이 피워내지 못할 것 같은 밤
제발 아무 일이라도 있어야 살겠습니다

제3부

존재 너머

엇갈림

밤새 눈이 내려
귀밑이 하얘졌다
염색을 하다가
손톱 밑이 까매졌다
마음도 검게 염색됐다

세월에 늘어진 게 살뿐만 아니다
겹친 만큼 늘어지는 일상의 하품
어제와 그제가 늘어졌고
내일과 모레가 겹쳐 뒹군다

늙는다는 건
정말 잘 늙는다는 건

머리가 하얘지고 피부가 검어져도
머릿속은 푸르고 가슴속은 붉은 것

안개

새벽이 온 것일까
잠들지 못한 밤의 옆구리를 밀치며
부옇게 밀려오는 커다란 입자들의 행진
음흉하고 음침한 치맛자락 펼치고
흐릿한 기억마저 모두 삼킨 채
알 수 없는 이야기만 퍼져 나간다

무심히 귓가에 던져놓고 달아난
너의 은밀한 속삭임들 속에서
스멀스멀 기어 올라오는 배신의 언어들
여기저기 던져 놓은 무책임한 말무더기
주워 담을 수도 없게 흩어진 시야

시작도 하지 못한 너와 나의 이야기를
꿀꺽 집어 삼키고 너는
아무 일 없었다는 듯이 저만큼
낮게 엎드려 숨죽이고 있는가

보이지 않는

볼 수도 없는

실체도 허상도 아닌

은린 銀鱗

월척이다
그이가 소리쳤다
대리석으로 조각한 듯 빛나는 얼굴로
초점 없는 내 눈을 들여다보곤
구릿빛 사내가 나에게 왕처럼 웃는다

세심한 손길로
내 거친 피부를 더듬으며
한 뼘 두 뼘 내 몸의 치수를 재고
고운 망사 옷을 입혀
물속에 넣어주었지

한 걸음이면 당신에게
다가갈 수 있을 것 같아
헤엄치는데
앞으로 나아가질 않는다

옷은 날개가 아니라
탐욕이 얽은 구속
한 겹 한 겹 벗어야 한다
모란이 꽃잎을 하나씩 떨구듯이
알몸이 드러날 때까지

연한 내 뱃살과 빛나는 은린
너무나 뇌쇄적이어서
당신의 붉은 눈빛은
나를 사랑하는 게지

나는,
당신의 어망에 갇힌 포로

독백

사방 넉 자가 우리에게 주어진 전부죠

가볍게 흔들리는 수초 사이에서
난 투명한 피부를 한껏 드러내고 샤워를 해요
어쩌면 적나라하게 들키고 싶은 건지도 몰라요
맨살을 사포로 밀어대듯 비벼댈 때
이윽고 비늘에서 강물이 흘러요
지느러미는 내가 하늘을 날았다는 흔적
몸이 절로 가벼워지는 걸 느껴요

수면에 입을 대고 뱉은 숨들이 물방울로 흩어져요
거친 호흡 속에서 피어나는
물거품의 아름다움이라니요
굼질거리는 꼬리가 힘껏 비상을 시도해요
격한 몸부림에서는 붉은 꽃이 흐르죠

물거품 속에서 우리와 분리된 세상이 또 태어났군요

몸부림이 수면에 부딪힐 때마다
바닥으로 가라앉는 일이 수없이 반복되지만
떠오를 수 있는 여백이 얼마나 다행인지요
물보다 가벼운 세상이 둥둥 떠가는 것을
멀찍이 지켜볼 수는 있잖아요
어항 속의 우리와 상관없는 세상인 듯 말이에요

나는 어느덧 내가 뱉어낸 숨 방울에 몸을 담가요
두 치도 자라지 못한 내 몸
옅어지는 호흡에 묻고 눈을 감지요
강에서는 넉 자도 더 자랄 수 있는데요

욕망은 여전히 넘실대지만
유리벽만큼이나 단단한 수면을 깨달은 후에야
비로소 편안해진 숨결을 느껴요

낙엽

허공을 움켜진 가지

악력을 풀자
훨훨 나는 무의 오욕들

떠오른 것은 한 순간
털썩
바닥을 덮는
핏빛 절규

낙하하는 것들에는
미처 지르지 못한
외마디가 있다

삶을 던진 사실이 슬픈 게 아니라
몸을 던진 이유가 궁금한 가을

가을애愛

함부로 붉히지 마라
사랑이라고 착각한다

함부로 벗지 마라
쉽게 보고 덤빈다

함부로 눕지 마라
지나가는 건 모두
바람이다

풍경

바다에는
물고기로 변한 날개가 있다

날개에는 아비가 만들어준 비늘이
원죄처럼 붙어 있을 뿐
운명은 하늘에서 멀어져
바다만이 우주가 되고 꿈이 된다

날개가 비늘을 곧추세우고
붉은 산호초 사이를 날면
은빛 갈매기도 파도를 가른다

밀랍에 쌓인 날개가
금기를 어기고 바다로 갔을 때
불가사리는 산호초 위에서 꽃처럼 웃고
물고기는 비어飛魚가 되었다지

높이 솟아 바람에 실으면
하늘이나 바다나 어느새 한몸
별은 바다를 윤슬윤슬 유영하고
광활한 활주로를 달리는 비어 뒤로
물수제비 덩달아 하늘 길 난다

고래의 몸에서 비늘이 떨어졌다
태초의 바다로 돌아가 산란을 하려는지
산란은 비상을 낳아 바다에서 기르고
비상은 하늘 향한 인간의 욕망을 낳지

모든 비행은 원초적인 것
오늘도 끊임없이 하늘 오르며
억겁에 간직해 온 은빛 꿈꾸는

바다에는
풍경으로 변한 날개가 산다

화사花師

 화곡역 2번 출구 엘리베이터 옆 7번 출구와 8번 출구로 가는 건널목 입구 한쪽에 사시사철 할미꽃 하나 피어 있다 목침이며 소쿠리며 나무 수저 몇 개 펼쳐 놓고 온종일 찬바람 언 바닥에 쭈그리고 앉아 겨울을 나고 봄이 지나 여름이 다가와도 시들지 않는 꽃 질주하는 세월의 바퀴에 붉던 꽃잎 누워버리고 눈물도 마른 초여름 햇살이 따갑다

 밥주걱 하나 팔면 일용할 양식 얻어 꽃잎 한 장 펼 수 있을까 목침 하나 팔면 오늘 밤 고운 꿈 찾아올까 언덕배기에 흙바닥 뚫고 오른 굽은 나무뿌리 같은 무릎 하나 다소곳이 앉아 있다 펴지기나 하는지 가끔 뒤척이기는 하는지 가부좌 튼 돌부처 어깨에서 퇴색한 잎 하나 바람에 흔들린다 화왕花王*과 만화萬化**의 스승이여 허공에서 파르르 떠는 설법을 듣는 나는 목젖이 아파온다

시멘트 바닥의 뜨거운 열기와 바삐 오가는 발길들에 날리는 먼지 묵묵히 견디며 수행하는 주름 사이로 임금을 훈계하던 근엄함을 찾으려 나는 할미꽃을 바라본다 횡단보도에 푸른 신호 들어오면 할미꽃도 어디론가 건너야 할 것만 같은데 그늘 한 점 찾아서 나도 건널까 꽃의 한숨도 함께 데리고 건널까 온몸으로 설법하는 꽃의 훈계를 소쿠리에 담아갈까

　　임금에게 충언忠言했던 꽃을 나는 기억한다 지금도 할미꽃 뒤에서 온갖 꽃들이 일제히 엎드려 고개를 숙이고 입 모아 칭송하지 않는가

　"대행보현보살 나무 관세음"

＊ 설총의 「화왕계」
＊＊「화왕계」에서 할미꽃이 화왕에게 충언함(임금님께서는 좌우에서 온갖 물건을 넉넉히 공급해서...(중략) 상자 속에 깊이 간직한 양약으로 원기를 돋우어야 하고 영사로 독을 제거해야 한다.)

디오니소스에게

나
지금
갈까요
그대에게
젖은 빈 가지
달빛도 없는데
부끄럼도 던진 채
흐르는 빗물만 입고
바람처럼 달려 갈까요
지금은 그림자도 없어요
발자국도 하나 남지 않아요
빗물에 모두 쓸려가고 말 테니
차곡차곡 오르면 돼요 그대 향해
높은 곳에 늘 계시는 당신의 성 마루

바다에는 노을이 머물지 않는다

바다와 노을이 끌어안고 있다

오랜 입맞춤과 몸부림
끝나지 않을 것 같은 열정
구름도 부끄러워 얼굴 붉히는데

사랑할 시간은 얼마나 남았을까
저 태양이 몸을 숨겨
바다 밑으로 가라앉고 나면
노을은 황홀한 치맛자락 여미고
바다를 떠나고 말 텐데
바다는 또 긴 시간을
푸른 눈물로 들썩일 텐데

이별의 시간을 예감한 듯
더욱 뜨겁게 짙어가는 사랑

꿈

폭염에 시달리는 밤이면
뚱뚱한 눈사람에게 안겨
폭설이 내리는 하늘을 날고 싶어

나는 위선의 옷을 걷어내고
온몸을 더듬는 눈바람의 애무를
못 이긴 척 눈감고 받아들이리

차가운 눈사람의 품에서
뜨겁게 펄떡이는 심장 소리 들으며
영영 밤이 끝나지 않는 나라에서
처음으로 느끼는 떨림을 놓지 않으리

광활한 나라
천국은 빛도 없는 무궁일 거야
온통 검은 허공에 흰 눈처럼 날아가리

날이 밝으면,
고요는 소요로 바뀌고 말 테니
나는 결코 눈뜨지 않으리

아름다운 겨울
밤하늘 여행에서 돌아오지 않으리

ㅇ의 색

학림다방에서 커피 한 잔 시켜놓고
가만히 학림을 소리 내 읽어 본다

학림을 읽으면 교태가 묻어난다
센소리와 흐름소리가
콧소리로 변하는 순간,
다방의 공기가 색을 품고 붉어진다

ㅇ은 자궁이다
화합의 동그라미다
끝소리 ㅇ은 자웅동체
합방의 색이다

내 왼쪽 옆자리에 남녀 한 쌍
여자의 웃음소리에 색이 묻었다
옛이응을 특별히 많이 쓰는 여자
코로 웃는 여자는 확실히 색이 짙다

내 오른쪽 여자끼리의 대화에서는
전혀 들리지 않는 소리
남자의 어깨에 기댄
O이 빚어내는 특별한 색

밤송이

가까이 다가가고 싶지만
나는 온통 가시입니다
이리저리 뒹굴어보아도
나는 언제나 뾰족합니다

밤하늘을 은실로 수놓는
별인가 싶다가도
어쩐지 나는 다른 것만 같아
이내 내려오고 맙니다
갈바람 올 때까진
여름 햇살과 더 많이 부딪쳐야 하겠죠

하지만,
둥근 달이 떠오르는 밤이 오면
가슴을 열어젖힐 겁니다
가슴속에 단단한 소망이 빼곡합니다

겨울

있는 듯 없는 듯
채운 듯 빈 듯
산 듯 죽은 듯
비상도 몰락도 여백의 운명

인간의 삶이 이러하리니
열심히 죽어야겠다는 생각
사는 데에만 '잘'이 있는 것이 아니라
죽는 데에도 '잘'이 있겠다

죽음이 있는 곳이 아니라
죽음으로 가는 길에서

겨울이 다 벗어 놓고
알몸으로 전해 주는
죽음에 관한 방법론

몸국

육지의 살과 뼈와 내장을 녹여
바다의 몸*을 넣어 끓인 국

네 몸 내 몸 섞어 나누고
몸을 먹으면 몸이 바다로 간다

기름도 빼고
소금도 빼서
언제 담백하게 살아볼까

지루하고 능크랑한** 아랫도리
몸국에 담그니
몸이 베지근하다***

* 몸 : 모자반의 제주 방언.
** 능크랑하다 : 느끼하다, 제주 방언.
*** 베지근하다 : 담백하다, 제주 방언.

헛꿈

내 마음 언저리에
꿈틀대는 저 뱀

몸까지 휘감을 듯
찬기마저 드는데

금사화 한 포기 심으니
꽃밭 하나 생겼다

뱀은 물러갔으나
오늘 밤 열병으로 잠 못 든다

그림내

오랜 기다림에
지쳐갈 무렵
보일 듯 말 듯
내릴 듯 말 듯
는개가 온다

오래 머물지 못할
인연이라서
촉촉한 손길
아쉬워하는 듯
꽃잎이 운다

여름

너와 내가 가슴을 열어
비로소 시작되는 열음
주렁주렁 열다가 열 받을 일도 많지

여름을 열기 위해
어디 뜨겁기만 했으랴
우리가 오르는 열을 못 이겨
훌훌 벗고 열렬히 얼었을 때
땀으로 질척해진 몸을 서로 문지르며
얼 때도 열이 난다는 사실을 알았지

우리의 열고 닮음이 엇갈려 열열할 때

여름은 열음의 절정이니 함께 열어 볼까
여름은 얼음도 좋을 테니 함께 얼어 볼까
아찔하게 얼다 죽고 싶을 여름이여

삭朔

바다가 산 위에 올라 달을 삼켰다
산이 바다에 내려가 달을 토했다
본시 둥근 달이 빛을 잃자
바다는 까맣게 몰락하고
조개가 검은 진주를 토해
달 대신 바다에 걸었다
달은 여전히 둥글지만 아무도
검은 진주를 달로 여기지 않는다
보이지 않는 것은 없는 것이라고
빛나지 않는 것은 삭은 것이라고

달은 바다 밑 대륙붕에도 떠서
검푸른 바다의 전설을 캐고 있다가
달마다 은밀히 여자를 찾아와
생명의 빛을 뿌리고 간다
빛 속에서 나온 바다벌레가
여자의 몸속에서 자라나고

벌레의 꼬리에서는 숲이 태어난다
매월 초하루 산에 오르는 저 까만 달은
여자의 바다에서 태어났다

여자는 달의 기운으로 바다를 품고
생명의 바다에서는 창조가 이어진다
기울어 까만 달은 삭은 것이 아니라
채울 날을 위해 잠시 비운 것
바다에서 떠오를 준비를 마치면
서서히 태양을 향해 나아가
온몸 가득 빛으로 채우고
드디어 온 누리의 밤 신이 된다

여자의 몸은 바다였다가 달이었다가
종국에는 대지가 된다

제4부

바람

처용가處容歌

동해 용왕의 아들이
덩실덩실 춤추며
저자거리를 돌아다닌다

두 다리 네 다리

역신疫神이 돈다는 풍문
멀쩡한 닭과 돼지와 소가
산 채로 묻혔다

농자農者도 함께 묻힌 후
마을마다 처용의 얼굴이 나붙었다

오지의 바람

시베리아 북서쪽 야말 반도
세상 끝 백야의 땅에도 여름은 온다

끝 간 데 없는 얼음의 나라
시로미 눈향나무가 순록을 기르고
사람은 순록의 썰매가 기르는 순백의 땅
날고기 비릿한 한 끼로 견디는 매서운 겨울
썩지 않는 해가 반년을 뒹군다

즈믄 해 묵은 바람과 평원이
나무 한 그루 키워내지 못해도
키 작은 이끼가 젖줄이 되는 땅
초록을 밟고 선 가녀린 꽃
서늘한 바람에 맞서 오그라들어도
순록의 영혼 빙하에 걸리면
소녀의 기도가 오로라를 부른다

문명의 뒤안이나 천혜의 뜰인데
어디선가 불어오는 바람이 뜨겁다
언 땅 녹아 썰매는 멈추고
아비는 작살대신 핸들을 잡았다
남에서 북으로 이어지는 천년의 삶을 두고
새 바람에 목을 매어야 하는
툰드라의 꽃잎

착시 현상

마른 갈바람 사이로
삭정이가 그물처럼 얽히고
그 끝에는 나뭇잎이
여린 숨을 뱉어내고 있어요

사실 나뭇가지는 내 망막에 있는
실핏줄의 착시 현상인지도 모르죠
나뭇잎은 퍼렇던 내 눈물이
실핏줄 끝에 말라붙은 거겠죠

가을이 노랗거나 붉게 보이는 것도
열병으로 들떴던 여름이 흘린
땀방울의 착시 현상일지 몰라요
빨간 사과엔 빨간 색만 있을까요

우리는 매일 다른 세상을 살면서도
같은 세상에 산다고 생각해요

흘러간 것과 다가온 것이
같을 수야 있으려구요

우리가 쌓은 모든 것이 착시 현상이라니요

종합검진

종합병원 각진 내부에 등 홀로 둥글다
종이컵에 억지로 짜낸 소변이
겨우 바닥만 적시는 게 부끄럽다
발판에 오르기만 하면
숫자로 환산되는 내 몸 앞에서
161센티미터인 줄 알았던 키가 정체를 드러내고
0.5 시력이 희뿌연 수입 숫자를 인식하는 순간
한없이 낮아지는 내 몸을 본다

 중성지방과 함께 한계선을 훌쩍 뛰어넘는
 혈압계와 당수치와 몸무게는 수입보다 높은 지출 때문
 몇 달 몸 안에서 끈적해진 피가 주사기로 흐르면
 올라가실게요 내려가실게요 이쪽으로 가실게요
 분석해야 할 화법이 한 무더기 쏟아지고
 차가운 엑스레이 판에서 뜨거운 열이 가슴을 관통한다

덜컥!
심장이 버튼을 누르곤 기계처럼 움직이자
하얗게 내려앉은 혈색이 공포에 떤다
겨울바람처럼 병원을 가득 메운 기계
기계 같은 여인과 기계 같은 말
의사보다 더 많이 만나고 더 많이 대화한다

의사가 내린 진단은 한마디뿐
당신은 지독한 외로움에 걸렸습니다
저는 어떤가요 상태 말이에요 언제 사라질까요
만나는 기계마다 물었지만
처방전 없는 진단서를 받아들고
오늘도 답 없는 길을 간다

도대불

처녀의 치맛자락 바다에 펼쳐
혼미하게 사공의 눈을 희롱한다

어둠이 함부로 하늘 덮어
한 줄 사유의 빛마저 가려버린 시간
사공의 허리 아래로 삿대는 물결 해적이고
사공은 까무룩한 기억 바다에서
밤의 둔탁한 물길 더듬는다

길 놓치지 않으려 안간힘 쓰다가
돛대마저 돌아서는데
남십자성 반짝이며
잊었던 이별 하나 상기시킨다
어둠 속에 던져져 빛바랜 약속이 있다고

등대처럼 깜빡거리는
기억의 놋줄 하나 잡는다

한참을 돌아서야 사공은
불면의 치마 아래로 다가가
길고 긴 여정을 풀 준비를 한다

바다가 거센 파도를 밀어
산란을 이어갈 여명의 팔 벌릴 시간

슬픈 전설이 된 등대는
여전히 망부석이 되어
휘적거리는 사공의 허리 짓에
따끔한 충고를 자꾸만 던진다

목어 木魚

텅 빈 속으로
풍랑에 흔들리는 허름한 나무
늘 깨어 있으라는 계율 어기고
눈 뜨고 졸았으니 더 큰 죄
물에서 쫓겨 산에 산다

물고기는 물에 살아야 하고
나무는 산에 뿌리내려야 하는데
속성은 부질없는 세속의 욕일까
허공을 헤엄치는 나무와 물고기

머언 먼 해탈보다 더 사무치는 물의 세상
등에 꽂힌 나무보다 더 아픈 풍진의 회초리
단청 아래 독경 흐르면 아랫녘 물소리 굽어 돌며
그리움 토해내는 노래 소리
여의주 뱉어내고 헤엄치고 싶은
설운 염원만 하늘에 건다

깨어 있으라 묶여 매 맞은 천년 세월
머리는 이제야 용이 되었으니
승천의 날은 멀고도 멀구나
죄 갚을 길이 천년 남았구나

속 다 비우고 세상에
텅텅 소리치는 내가
전생에 지은 죄는 무얼까
아직도 깨닫지 못한 죄가
텅텅 가슴을 치고 있다

바람의 약속

 단단한 강물 옆엔 바람이 뾰족하게 서 있었다 줄타기 광대가 바람의 어깨에 줄을 걸었다 헐거운 줄은 추락을 방조한다 그리하여 줄은 당겨져야만 한다

 보장받을 수 없는 것들과 약속해야만 하는 것들이 깊이 얽힐수록 당김은 팽팽하다 촛불에 배터리가 장착되는 순간 바람은 돌아서야만 했으리라

 마음이 얼어 본 사람은 안다 계절과 계절 사이엔 늘 간절한 시선이 있다는 것을 겨울의 도시에서 줄을 타고 빌딩을 건넌다는 게 얼마나 가슴 떨리는 일인가

 살기 위해선 죽어야 하리 천 번 살고 천 번 넘어져도 천 번 죽으리 광대의 절규가 날개를 파닥거리며 허공을 날 때 함숫값이 정의되지 않는 한 점에서 줄다리기는 극한을 걷는다

이미와 아직 사이에 이어지는 관성의 법칙, 가진 것이 많은 이미는 잃을 것이 두렵고 잃을 것이 없는 아직은 두려움조차도 없다 줄은 가로지르고 바람은 수직으로 서 있다 팽팽한 줄과 뾰족한 바람의 한 판 후에 추락은 예정되어 있다

광대가 겨드랑이에서 날개를 꺼냈다 날개를 양보한 새들은 바닥에 드러누웠다 허공은 나는 자를 위해 비우는 것이라고

우리가 휘청거리는 사이

태화강가에서 우리가
달빛에 취해 휘청거리는 사이
꿈인 듯 고래 한 마리 내 곁으로 다가왔다

바람도 나무도 흔들리지 않는데
하얗게 속을 비워내는 대나무 숲에서
고래는 숨구멍 가득 언어를 밀어 올리며
상처 가득한 혼신魂神으로
슬픔을 강물에 적는다고 했다

저승에서 온 편지를 읽고
가슴 가득 그리움의 탑을 쌓았다가
이내 가볍게 허물곤 허허
허허로운 웃음을 강물에 띄워 보내기도 했다

멀리 떠나버린 이에게 종종 안부를 물으며
슬쩍, 농담처럼 뱉는 웃음 속에

죽은 자만이 알아들을
고통의 소리를 감추고 있었다

어쩌면 천년의 무게를 지고도
아무렇지도 않은 듯 천연하게 다가왔던 것일까
태고의 바다 속에 감추었던
옛 신화를 들려주려 했을까

우리가 휘청거리는 사이
나는 고래를 따라 백년 혹은 천년
그 전의 바다를 떠다녔다

원효

자두 한 입 깨물고
흥건한 단맛에 젖었다가
한 입 더 깨물려는데
작은 구멍 하나와
자두 속살과는 다른
무언가를 발견했을 때
아아,
좀 전까지 내 몸을 휘휘 젓던
천국은 어디로 간 것이냐

복숭아

동자승 새살새살

여름내 햇살 받으며
불당 앞을 뛰어다닌다

파르스름 까까머리
홍조 띤 얼굴
보송보송한 솜털

차마……,

꽉 깨물고 싶다

만복사

법당도 법고도 없는 만복사엔
가을이 와도 물들 단청 하나 없는데
누가 포개어 놓았을까 조약돌 서너 개
부처 놀이에 여념 없다

세찬 바람 앞에서도
흔들리지 않는 지조
살아있음이 부끄럽다던
매월당은 저포를 던져둔 채
누구의 치성을 끌어안고 서 있는가

약초나 캐겠다며 산으로 간 남자는
아직도 혼령에 이끌려
밤마다 불탄 금당을 맴도는데

언젠가 탑돌이로 북적였을 터엔
껍질 한 겹 벗어 놓고

터럭 한 올 내려놓고
매끈한 알몸으로 앉은

조막만 한 미륵불 홀로 아득하다

수박

달콤한 일상을 지키려는 듯
단단히 움켜잡은 몸뚱어리
날 선 칼날을 온몸으로 버티고 있다

속을 숨기고 웅크린
위선의 서슬이 퍼렇다

공략법은 단 한 가지
여린 속살을 노리는 것
칼끝으로 등에 구멍을 낸 다음
구멍에 칼날을 들이밀어야 한다

설익을수록 앙칼지게 버티겠지만
잘 익은 놈은 속을 쉬이 열어 줄 것이다

시선을 모으는 자리
속이 궁금한 사람들

모두 둘러앉아 침을 삼킨다

겨울을 지나가는 것들

어제 전봇대에 전단지를 붙이던 늙은 여인 오늘은 뜯으며 지나간다

어제는 곱은 손 공들여 붙이더니 오늘은 화난 듯이 낚아채며 뜯는다 아무렇지도 않게 무표정한 얼굴이 찬바람보다 더 차갑게 가슴을 얼리며 지나간다

어제는 전단지 알바 오늘은 구청 알바 그렇게 일당으로 하루를 사는 굽은 등으로 뜨거운 피 한 줄 얼지 않고 지나간다

붙이고 뜯는 사이 겨울바람은 여인의 늘어진 볼 위에서 차갑게 울고 얼어 터지고 갈라진 손등은 부어올랐는데 햇살 한 줌도 머물지 않고 지나간다

그이 옆으로 사람들도 나도 차마 인사 한마디 못 건네고 고개 숙이거나 먼 하늘 보거나 여인의 얼굴에

설핏 비치는 어두운 그림자 하나 읽고는 서둘러 바쁜 척 재게도 지나간다

 해도 지나가고 바람도 지나가고 사람도 모두 지나가고 마는 차가운 도시의 겨울 화단엔 서둘러 나온 꽃마저 얼었는데 동장군도 매서운 눈초리를 남기며 지나간다

5월에 날아오른 색들

5월이 오면
보라색 꽃잎이 바람에 날린다
영문도 모른 채 색을 뒤집어 쓴 순간
빨간 색은 꽃이 되고 파란 색은 잎이 되었다

때 이른 잠자리가 공중으로 날아오를 때
꽃밭에서는 꽃들이 드러누웠는데
누구도 그게 색의 전쟁이 시작되었다는 신호임을
알지 못했다

미대를 졸업하고
화가와 결혼을 하고
평생 색을 주무르며 색을 논했던 K씨나

대학 2학년 우연히 금남로를 걷다가
색을 뒤집어쓰고 색을 불라는
강요와 뭇매 견뎌야 했던 J씨나

색을 패대기쳤다가 끌어안기도 했다지만
색을 섞으면 짙은 환희가 탄생했다지만
색이 색을 치는 기이한 현상이라니

그 새벽에 안개 자욱하고
목화솜 두른 벽 너머로
검은 연기 치솟고 콩 볶는 소리 요란할 때
붉은 꽃 우수수 떨어지던 낙화암처럼

여린 꽃잎 한 장 한 장 또 한 장
색도 없이 창문 아래로 내리다가
바람 타고 하늘로 오르는
희끄무레한 영혼들

뭉게뭉게 오르는 아무 색 없는 조각들
담장에 갓 늘어진 줄장미들이

선홍빛 울음을 토하던 5월

물푸레나무 언덕

지금은 망각의 시대
상처는 무엇으로 씻어야 하나

물푸레나무 작은 잎
하나하나에 빼곡히 박힌
애먼 비명에 관한 기억*
눈에 선 핏발도 가라앉지 않는데

상처를 씻을 수만 있다면
껍질을 벗는 아픔쯤이야

물도 푸르게 빚는 나무
그처럼 상처도 푸르게 씻어
훨훨
승천하는 혼불

* 보도연맹학살사건에 대한 소설, 최용탁 단편 「어느 물푸레나무
의 기억」(『벌레들』, 북멘토, 2013.)

꽁무니 미학

그곳엔 아주 특별한 것이 있다
앞으로 내밀기 어려운
언제나 뒤에 은밀히 감춰두는
화사하게 화장을 한 입술과는 다른
가장 원초적인 것이 있다

 불편한 뱃속의 어둠을 제거하고
여닫는 근력의 오묘한 시원함으로
때론 뱀처럼 스르륵 미끄러지며
내 자리가 아니면 슬그머니 빠져
청렴한 벼슬아치처럼 물러나 주는,

두려우면 꽁무니를 사리고
제 발이 저리면 꽁무니를 빼는
암내를 맡으며 꽁무니를 좇다가
뒤를 들키기 싫으면 꽁무니를 내리고
자신이 없으면 꽁무니에 서보기도 하는,

꽁무니에 줄 선 자들은
급한 용무가 꽁무니에 있겠거니

그러나,
맨주먹으로 일어서야 하는 가난한 시인은
맨꽁무니에서 글자나 뒤지는
지금은 내 꽁무니를 깨끗이 닦아야 할 때

흐린 날

흐린 날을 걸어간다
습한 바람에 웃는 꽃처럼
먹장구름 아래 낮게 나는 새처럼
떨어지는 꽃의 날을 걸어간다

별이 내리는 들길에
왁자한 풀벌레 소리
별의 노래라고 생각했던 유년
지금은 어디로 숨은 것일까
오늘은 별도 노래하질 않네

흐린 날을 걸어 간다
내일은 새 망울 피워 올릴
햇살 한 줌 휘얼 휠
하얗게 내릴 길을 걸어간다

휴식

나무에 기대 선

당신을 본 순간

심장이,

저 혼자 걸어서

당신에게로 갑니다

내 긴 숨이

당신 숨에 깃들어

푸른 하늘가를 맴돕니다

| 해설 |

열정과 냉정 사이

임채우 (시인)

 시인이 이렇게 말했다. "제 시가 무거운가 봐요, 시인들에게서 가볍게 쓰라는 말을 자주 들어요." 시에도 무게가 있나? 시를 저울로 달아 무겁다, 가볍다고 말할 성질의 것이 아니라면, 대체 시인이 수긍하는 무겁다는 말은 무엇을 의미할까? 주제가 무겁다든가, 표현의 질곡, 혹은 시적 분위기가 무겁다는 말인가? 시가 운율이 살아 있고 이미지가 선명하며, 시적 분위기가 밝고 일상적이면 가볍다고 할 수 있는가? 이와 반대로 시의 분위기가 어둡거나 무겁고, 대개는 내향적이며, 주관적인 색채가 짙어 독선적이거나 불분명하거나 모호하면 무겁다고 말하는가? 때로 우리는 깊이 생각지 않고 일반적인 말에 고개를 끄덕이는 경우가 많다. 아무튼, 시인의 시 세계가 무겁다는 말에서 이 글을 시작해 보자.

시인의 시집 원고를 일별하며 다양한 시적 경향을 아우를 수 있는 기준이 있으면 좋겠다는 생각을 했다. 시인의 시선이 어디로 향하느냐에 따라 크게 내부 시점과 외부 시점으로 나누어 보았다. 이것은 물론 분석의 편의에 따른 해설자의 독단이다. 이 기준 말고도 시집을 분석하는 데는 다양한 분류 기준이 설정될 수 있겠다. 전자가 수렴적 사고의 시점이라면 후자는 확산적 사고 시점이다. 전자가 주관적이라면 후자는 객관적이며, 전자가 열정적 사고라면 후자는 냉정한 이성적 사고의 시편이다. 전자의 목록에 들어가는 시에는 시의 주체인 자신을 대상으로 쓴 시들과 사물에 가탁하여 주체의 자의식이 짙게 밴 시들이다. 후자의 목록에 들어갈 시들은 비교적 객관적인 입장에서 사물의 의미를 새기고 있는 시들이다.

내부 시점의 시

내부 시점의 시라고 하니 문득 '내부 고발'이라는 말이 떠오른다. 어느 조직의 심각한 내부 모순에 관여하고 있는 사람이 이를 바로잡기 위하여 양심선언 하며 폭로하는 경우를 일컫는 말이다. 이 내부자의 고발은 후폭풍이 대단하다. 그 조직은 심각한 타격을 입는 것은 말할 것도 없고 폭로한 당사자 또한 대단한 불이익을 감수해야 한다. 이 영웅적인 행위로 인하여 조직이 바로서는 계기가 된다.

  시인이 자기 자신을 고발하듯 쓴 시가 있다. 자신의 처지와 생각을 직접 서술하거나 은유 또는 객관적 상관물로 그리고 있는 시이다. 이 시들은 내부 시점에 의해 쓰인 것들이다. 물론 자기 독백적인 서정시 일반이 어느 정도 이 시점의 소산이라고 볼 수 있다. 그러나 자기를 대상으로 자화상을 그리듯 쓴 시는 시적 표현 여하를 떠나서 가장 주관적인 시라고 볼 수 있다. 산문의 경우 자서전이나 고백록, 또는 수필 문학이 여과 없이 자기를 드러내는 수단으로 활용된다. 비록 그것이 어느 정도 진실된 측면에 부합할 것인가라는 여지는 있지만. 시에서 자기 자신을 시적 대상으로 여과 없이 드러낸다는 것은 양식의 특성상 거의 불가능에 가까운 일로 보인다. 임보의 『엄살의 시학』에서 보건대, 시에는 시적 장치에 의하여 은폐 지향적(감춤), 과장 지향적(불림), 심미 지향적(꾸밈) 특성이 있다는 것이다. 아무리 자기 자신을 진실에 부합하여 드러내고자 하여도 시가 되기 위해서는 감춤, 불림, 꾸밈에 의해서 채색될 수밖에 없다. 즉, 자기를 시적 대상으로 하여 지독하게 엄살을 떨고 있는, 꾸며진 자아상이라는 것이다.

    가까이 다가가고 싶지만
    나는 온통 가시입니다

이리저리 뒹굴어보아도
나는 언제나 뾰족합니다

밤하늘을 은실로 수놓는
별이고 싶다가도
어쩐지 나는 다른 것만 같아
이내 내려오고 맙니다

갈바람 올 때까진
여름 햇살과 더 많이 부딪쳐야 하겠죠

하지만,
둥근 달이 떠오르는 밤이 오면
가슴을 열어젖힐 겁니다

가슴속에 단단한 소망이 빼곡합니다

— 「밤송이」 전문

    이 시는 자신을 밤송이로 은유하고 있는, 자기 자신을 드러내는 시다. 밤송이가 온통 가시로 무장하고 있으며, 밤하늘에 별이 되고 싶지만 포기했고, 가을이 될 때까지는 여름의 시련을 견디어내야 하며, 가을 둥근달이 떠오르면 가슴을 열 것이라고, 가슴속에는 소망이 빼곡하다고 비교적 차분하게 열정을 삭이며 조곤조곤 말하고 있다. 가시는 무엇인가. 자기방어의 도구다. 왜 가시가 필

요한가. 자기를 지키기 위하여, 소박하나마 누가 알아주지도 않지만 자기 안의 열정, 욕망, 소망, 사랑을 지키기 위하여. 이것을 건드리는 자가 있으면 여지없이 찔러 주겠노라고 가시를 표독스럽게 달고 있다. 3연에서는 주체의 한계에 대한 자각이 보인다. 밤송이가 스스로 생각해 봐도 밤하늘에 별이 되기에는 부족한 듯하여 내려오고 말았다는 것이다. 어쩔 수 없는 무기력이 아니라 자의식이 객관적 자세를 취하려는 자아상이 엿보인다. 그러나 5연에서 보면 주체는 당찬 포부를 피력하고 있는데, 잉태와 열림을 소망하는 건전한 여성성을 견지하고 있다. 비교적 자화상을 그린 시편 중에는 자의식에 휘둘리지 아니하고 차분하게 정제된 시이다.

자화상 계열의 시로, 시 「은린銀鱗」에서는 자신을 갇힌 물고기로 그리고 있다. 물고기가 낚시꾼에 의해 사로잡혀 살림망에 넣어졌다. 은비늘을 지닌 물고기는 자기 자신을 나타내는 은유이자 이 시의 주체이다. 주체의 무기력한 좌절감, 갇혀 있다는 절망감, 그러면서도 자신을 가둔 당신의 사랑을 갈구하는 복합적인 의식이 혼재되어 있다.

시 「독백」도 마찬가지다. 이번에는 다분히 시인의 처지를 빗댄 금붕어를 끌어들이고 있다. 사방 넉 자의 어항 안에 갇힌 금붕어이다. 어항 안에서 자못 아름다운 자태를 뽐내고 있는 듯하나 밖의 세상과는 유리되어 있다. 시 「은린銀鱗」과 시 「독백」의 공통점은 자신을 폭로하는 존재로서 물고기가 은유적으로 사용되고 있으며, 시의 주체가 갇힌 자로 인식되며, 또한 많은 욕망을 꿈꾸고 있는 존재라는 것이다. 시 「독백」의 마지막 연을 보면, "욕망은 여전히 넘실대고 있지만/ 유리벽만큼이나 단단한 수면을 깨달은 후에야/ 비로소 편안해진 숨결을 느껴요"라고 말한다. 다소 모순되게 보이는 이 대목은 주체의 체념과 순응이 보인다. 밤송이의 열정은 분명 아니다. 체념하면서까지 지켜야 할 욕망이란 무엇일까? 물거품의 아름다움일까?

이밖에도 이 계열의 시에는, 자신의 존재의 가벼움을 다분히 역설적으로 그려놓은 「빈 수레」, 수천 년을 죽어 태어나야만 그대에게 갈 수 있다는 「그대에게 가는 길」, "나는 대체/ 몇 날의 무게를 지며/ 하루하루 가라앉고 있나"의 「흔들리는 날」, 환락과 열정의 신 디오니소스에게 다가가고 싶다는 「디오니소스에게」 등이 자신의 존재상을 여과 없이 보여주고 있는 시들로 거듭 반복되면서 자의식을 내뿜고 있다. 특히 시 「디오니소스에게」는 시각적인 배행시이다. 마치 탑이나 계단을 오르듯 시각적으로 위를 향하여 오르는데, 아이러니하게도 맨 꼭대기 위에 디오니소스가 아니라 '나'가 있다. 시 대로라면 내가 디오니소스를 향해 내려오는 구조로 역전되어 있다. 이 혼선 역시 내부 시점의 자화상의 시가 그만큼 혼란스러운 자의식의 산물이라는 증거이기도 하다.

꽃에 관한 탐색

이 시집에서 가장 많이 나오는 시어 중의 하나가 꽃이다. 꽃이란 무엇인가. 시인들은 거의 관습적으로 시의 소재 혹은 제재로 꽃을 즐겨 등장시키는 경향이 있다. 꽃은 식물의 생식기이다. 식물이 종족 번식의 수단으로 화분의 매개체를 유혹하는 수단이다. 사람들은 식물의 생식기를 바라보며 화려한 색과 향기에 취하곤 한다. 또는 색의 화려함은 활활 타오르는 불꽃의 이미지로 상승적 이미지를 지닌다. 꽃은 생명이며 상승의 이미지이며 삶의 의지이기도 하다.

꽃이란 말은 보통명사다. 반면에 구체적인 꽃의 이름은 고유명사이다. 꽃을 바라보는 시인의 시선은 내부 시점이다. 그것이 보통명사의 꽃이든 고유명사 살살이꽃, 과꽃, 상사화, 접시꽃, 능소화가 되었든 내부 시점에 의해 자의식을 드러내기 위해 객관적 상관물, 또는 소재나 제재로 쓰이고 있다.

가령 시 「참회」에서 주체는 자신이 직접 정성 들여 가꾼 꽃에게 죄를 지었다고 용서를 구한다. 꽃이라는 것이 아름다움이고 생명이며, 상승의 이미지를 지니고 종족 번식을 위한 자족의 것인데, 어찌하여 주체는 무슨 잘못을 저질렀기에 참회하는 것일까? 주체의 상황을 고려한다면 이해 못 할 바도 아니다. 여기서 꽃은 중의적인 꽃 그 자체이자 주체의 마음속에 피어 있는 꽃, 즉 자신의 열정이나 소망의 세계를 뜻한다. 꽃이 피었다 함은 열매를 기약하나 자신의 안에 피어 있는 꽃은 열매 맺지 못한 허화虛華이기에 참회하는 것이리라. 다시 말해 꽃에 대해서가 아니라 자신에 대해 참회하고 있다. 이렇듯 꽃이 내부 시점의 소재 차원에서 머무르고 있음을 볼 수 있다.

> 날개 편 접시꽃
> 푸른 물결 도드라진
> 붉은 꽃잎 곱기만 한데
> 사위어가는 몸 사이사이
> 너를 심어 붉어질 수 있다면
> 나는 기꺼이 한 줌 흙이 되리라
> 삶은 늘 어긋난 길 같아서
> 파도는 뭍으로 오르고
> 나무는 숲으로 기었지
> 너는 오고 나는 가는
> 시간의 엇갈림이 서러워도
> 어디로든 가야만 한다면
> 따뜻한 한 줄기 볕이
> 그곳에도 있었으면 해
> 다가올 이별의 얼굴 보이질 않으니
> 네가 오지 않는 시간과
> 네가 없는 세상이 두려워
> 너에게서 나를 떼어 낸다

꽃이여
— 「너에게서 나를 떼어 낸다」 전문

역시 꽃에 관한 시다. 시의 주체가 보고 있는 것은 붉은 꽃잎을 벌고 있는 접시꽃이다. 굳이 접시꽃이 아니어도 상관없다. 주체는 개별적인 꽃의 아름다움이나 의미에 천착하기보다는 바로 자신에게 시선을 향하고 있기 때문이다. "너를 심어 붉어질 수 있다면/ 나는 기꺼이 한 줌 흙이 되리라"라는 결의는, 어디까지나 가정법이지만, 주체가 꽃과 같은 아름다움, 열정, 상승의 이미지, 생명 의지를 가질 수 있다면 어떤 희생도 치르겠다는 각오로 읽힌다. 주체는 현실의 삶에서 왜 꽃과 같은 세계에 도달하지 못하는가. 삶이 늘 어긋나는 길이어서 헛꽃이 피었다는 것이다. 이제 곧 무화되리라는 본능적인 두려움에 떨고 있다. 그래서 마지막 행에서 "너에게서 나를 떼어 낸다 꽃이여"라는 절규는, '나의 존재에 대한 열정'을 떼어내 버리고 말겠다는 단절의 아픔이나 좌절, 체념으로 읽힌다.

그러나 "너에게서 나를 떼어 낸다 꽃이여"를 조금은 달리 해석할 수도 있겠다. 이제 꽃을 꽃 자체로 보겠노라는 의식의 전환이다. 즉, 주체가 밤송이 같은 자기 세계를 지키기 위하여 때로는 자학적으로 몸부림쳤는데 이제는 그 무거운 자의식의 굴레에서 벗어나 꽃을 꽃답게 보겠노라는, 존재의 가벼움을 지향하는 삶에로의 지향으로 읽히기도 한다. 여기에서 떼어 내는 것은 모든 사물에 투사되는 자의식이다.

이러한 내부 시점에서 외부 시점으로의 전환은 의식의 변화 내지는 발전을 의미하며, 꽃을 노래해도 전과는 달리 표현된다. 가령 시 「능소화」를 보면, 능소화가 피어 있는 어느 집 대문 풍경을 그리며 에로틱한 분위기를 풍기고 있을 뿐, 그것이 주체를 휘감는 무거운 자의식의 발동으로 보이질 않는다. 분명 섹스와 관련된 일련의 사물이나 사건이 해학적으로 보이는 것은, 시 「ㅇ의 색」에서도 볼 수 있다시피 존재의 가벼움이다. 이전의 꽃이 욕망으로서 주체의 결핍의 성으로 읽혔지만, 시 「능소화」, 「ㅇ의 색」, 「바다에는 노을이 머물지 않는다」의 성적 은근함은 다분히 자의식의 무게를 덜어낸 건강성이다.

외부 시점의 시

이 계열의 시 중에서 가장 먼저 눈에 띈 것은 어머니 시편들이다. 어머니는 자신을 낳아 주고 길러 준 분이기에 자신과 분리될 수 없다. 자신을 거슬러 올라가면 내 존재의 모든 시원이 어머니이기에 어머니는 자신과 한 몸인 셈이다. 그러나 시인의 어머니에 대한 시각은 어느 시보다 객관성을 유지하고 있다. 이것도 이 시인의 특징 가운데 하나인데, 열정 자체였던 내부 시점이 치열했던

만큼 그 반동으로 빚어진 것이 아닌가 생각된다.

제 살 깎이며
모질게 살아가는 둥치
옹이가 단단히 박혀 있다

굳은살 떨어져 나간 자리에
허리 잘쏙한 모래시계
째깍거리며 남은 시간을 재는데

믿는 구석이 있으니
무딘 쇠도 함부로 춤추는 거겠지

단단히 받쳐주는 힘
어련무던한 성미도
세월이 지나면 아모리지는데

깊이 패는 희생과 아픔 없이
앤생이는 모진 겨울을 어찌 견디었으리
부서진 살만큼 누군가는 따뜻할 게다

곁가지 떠나간 나무 밑동
뒤돌아 누운 어머니 등에서
끙끙,
살점이 튄다

― 「모탕」 전문

모탕은 시골에서 나무를 패거나 자를 때 받히는 나무토막을 말한다. 바닥에 단단하고 굵은 나무토막을 놓고 그 위에 장작을 놓은 다음 도끼질을 한다. 모탕은 마지막 연에서 밝힌 바와 같이 어머니를 은유하고 있다. 모탕이란 말 자체가, 분명 한자어는 아닌 듯한데, '어머니와 같은 바탕'을 줄여서 된 말이 아닌가 싶다. 모탕은 장작을 팰 때 두고두고 쓰기 때문에 날카로운 도끼날에 숱한 상처를 입기 마련이다. 모탕이 없다면 장작 패기는 불가능하다. 그런데도 작업이 끝나면 사람들은 장작의 사용가치에나 집중할 뿐 모탕은 거들떠보지도 않는다. 지난날의 우리 어머니와 진배없다.

3연을 보면 그런 어머니의 모습을 마치 자연현상을 관찰하여 말하듯이 객관적 시각을 유지하고 있다. 2연의 모탕의 희생에 대해서도 남 이야기하듯 추측한다. 유정한 어머니가 은유화되면서 사물화된 것이다. 어머니를 대상으로 쓴 다른 시「가을비」,「고장난 피아노」,「길」에서도 이와 같은 경향이 나타난다. 시인의 내부 시점이 밖으로 향하는 순간 이성적으로 냉정해지며 객관적 시선을 견지한다.

시인의 외부 시점이 자신으로부터 더 멀리 나간 시들이 있다. 시인의 시선이 가장 멀리 우주까지 무한대로 나가는 것이 아니라 주로 일상의 범주 안에 머물러 있지만, 사람들이 더불어 사는 세상을 바라보며 쓴 시들이다. 이 시들은 수적으로 대단하지 않다. 시인의 시적 탐색이 다방면에 걸쳐 시험되고 있다는 인상을 지울 수 없다. 이 시들 역시 어머니 시편에서 보여준 이성적 사유가 승하여 무거운 자의식에서 벗어난 시들이다.

화곡역 2번 출구 엘리베이터 옆 7번 출구와 8번 출구로 가는 건널목 입구 한쪽에 사시사철 할미꽃 하나 피어 있다 목침이며 소쿠리며 나무 수저 몇 개 펼쳐놓고 온종일 찬바람 언 바닥에 쭈그리고 앉아 겨울을 나고 봄이 지나 여름이 다가와도 시들지 않는 꽃 질주하는 세월의 바퀴에 붉던 꽃잎 누워버리고 눈물도 마른 초여름 햇살이 따갑다

밥주걱 하나 팔면 일용할 양식 얻어 꽃잎 한 장 펼 수 있을까 목침 하나 팔면 오늘 밤 고운 꿈 찾아올까 언덕배기에 흙바닥 뚫고 오른 굽은 나무뿌리 같은 무릎 하나 다소곳이 앉아 있다 펴지거나 하는지 가끔 뒤척이기는 하는지 가부좌 튼 돌부처 어깨에서 퇴색한 잎 하나 바람에 흔들린다 화왕花王과 만화萬花의 스승이었던 그대여 허공에서 파르르 떠는 설법을 듣는 나는 목젖이 아파온다

시멘트 바닥의 뜨거운 열기와 바삐 오가는 발길들에 날리는 먼지 묵묵히 견디며 수행하는 주름 사이로 임금을 훈계하던 근엄함을 찾으려 나는 할미꽃을 바라본다 횡단보도에 푸른 신호 들어오면 할미꽃도 어디론가 건너야 할 것만 같은데 그늘 한 점 찾아서 나도 건널까 그대 한숨도 함께 데리고 건널까

온몸으로 설법하는 그대의 훈계를 소쿠리에 담아갈까

— 「화사花師」 부분

5연으로 된 비교적 긴 산문시다. 아마 시인이 직접 목격한 듯한, 전철역 부근에서 생활 잡화를 팔고 있는 한 할머니의 초상이다. 시인이 할미꽃이라고 표현하였으니 그 외양이나 주위를 끌지 못한 등등이 상상이 간다. 할머니의 물건을 사시사철 팔아주는 사람 하나 없고, 앙상한 몰골을 가끔 뒤척이는 것이 바람에 뼈마디를 씻기는 풍장 중이다. 화자는 묵언수행 중인 할미꽃이 설법하고 있다고 생각한다. 무엇에 대한 설법일까? 할미꽃도 꽃이니, 아마 꽃에 관한 설법일 것이다. 세상의 모든 꽃에 대하여, 어쩌면 철 지나고, 어쩌면 죽음이 임박한 꽃에 대한 설법인지 모르겠다. 화자는 주체인 할미꽃을 꽃들의 스승이라고 보통명사 '화사花師'로 명명했다. 고유명사 '화사花師'는 할미꽃이 아니다. 꽃 중의 왕이요, 부귀를 상징하는 모란을 일컬어 화사花師라 칭한다. 간단히 인터넷에 접속하면 드러나는 단편 지식을 시인이 놓칠 까닭이 없다. 할미꽃이 꽃들의 스승인 화사花師라는 것이다. 화자는 할미꽃의 설법을 소쿠리에 담아갈까 하고 말한다.

이 시에서는 주체를 바라보는 화자의 자의식이 최소로 억제되어 있다. 자신의 내부의 열정과 소망과 모순과 주관이 외부 사물에 투사되자 가지런히 정돈됨을 볼 수 있다. 자의식이 차지했던 공간에 사물에 대해 의식이 자유스럽고 여유롭게 확보되어 있다. 한결 시어가 명확하고 차분하며, 시적 대상이 지니고 있는 의미랄까 분위기가 십분 고려되어 있다. 이런 시로 광주의거와 관련이 있는 「5月에 날아오른 색들」, 전단을 떼었다 붙이고 있는, 도시의 늙은 여인의 삶을 그리고 있는 「겨울을 지나가는 것들」, 자신의 존재가 꼭 필연이 아니라 우연의 산물이라는 자각을 그리고 있는 「아마도」, 보도연맹학살 사건의 「물푸레나무 언덕」 등이 비교적 객관적인 시각을 유지하고 있다.

이상에서 우리는 한 시인의 시집을 이해하기 위하여 편의상 내부와 외부 시점으로 나누어 살펴보았다. 내부 시점의 시들은 시인의 자의식에 갇혀 있는 열정의 시였다. 외부 시점의 시들은 사물을 비교적 객관적 시점에서 바라보는 냉정의 시들이었다. 생각해 보면, 지상의 모든 시는 열정과 냉정 사이의 어느 지점에 거주하고 있다. 다시 말해 이번 시인의 첫 시집의 경향이 그만큼 다양하다는 증거이기도 하다. 주제별로 앞에서 거론한 것들 외에도, 시에 관한 시, 에로틱한 시, 존재론적 시, 길에 관한 모색 등의 시들이 있으나 지면 관계상 미처 다 살피지 못했다. 그러나 거론하지 못한 시들 역시 열정과 냉정 사이에 존재하고 있다.

시인의 첫 시집 『O의 색』의 특징은 주제의 다양성

에 있으며, 그중에서도 내부 시점의 시가 절대적으로 많다는 것이다. 자의식이 충만한 시들의 잦은 반복이 독자들에게 넋두리로 보일 가능성이 짙다는 점을 유의하더라도, 이런 시적 경향은 시인이라면 한 번쯤 열병을 앓듯 자기 점검에 유익하며, 여성으로서 자기 정체성 확립에 반드시 거쳐 가야 할 단계라고 생각한다. 이후 시가 더욱 기대되는 것은, 이 시인이 현 단계에서 머무르기에는 체질적으로 결코 불가하며, 성장 속도가 무척 빠르다는 것이다.

이 대목에서 간과해서는 아니 되는 것이 그가 시집 프롤로그에서 밝힌 예사롭지 않은 말이다. 시인은 자신이 세상에서 가장 작은 물고기 씨알 하나를 꺼내 날개를 달았다는 것이다. 이제 바람을 타고 "구만 리 하늘 날지 못해도/ 나의 시는 바람에 바람 싣고/ 깊은 바다로 간다"는, 저 장자莊子의 소요유편에 나오는 설화를 인용해 곤鯤이 붕鵬으로 변화하는, 자신의 포부를 피력하고 있다. 이런 시인은 멈추기가 가기보다 훨씬 힘들다.

시인의 열정적인 시를 읽노라니 생전에 보지도 못한 미국의 여류시인 에밀리 디킨슨(Emily Elizabeth Dickinson, 1830~1886)이 연상된다. 그녀는 평생 독신으로 은거하며 열정과 냉정 사이를 오르내리며 2,000여 편의 시를 썼으나, 대부분 사후에 발표되었고, 20세기 들어와서 미국의 최고 시인으로 인정받게 되었다. 여연 시인이 독신이라 해서 단순히 겹쳐 보이는 것이 아니라

분명 시 세계에 유사점이 많다. 앞으로 시인께서 에밀리 디킨슨 같은 큰 시인의 소망을 안고 대해로 나가길 기원한다.

ㅇ의 색
ⓒ여 연, 2017, Printed in Seoul, Korea

초판 1쇄 인쇄 | 2017년 12월 15일
초판 1쇄 발행 | 2017년 12월 20일

지은이 | 여 연
발행인 | 홍해리
편집인 | 임 보
편집 디자인 | 방수영
펴낸곳 | 도서출판 움

등록번호 | 제2013-000006호.(2008년 5월 2일)
01003 서울시 강북구 삼양로 159길 64-9
전화 | 02) 997-4293
전자우편 | urisi4u@hanmail.net

ISBN : 978-89-94645-38-4 03810

* 잘못된 책은 바꾸어 드립니다.
* 지은이와 협의하여 인지를 생략합니다.
* 이 책의 판권은 지은이와 도서출판 움에 있습니다.

* 이 도서의 국립중앙도서관 출판예정도서목록(CIP)은 서지정보유통지원시스템 홈페이지(http://seoji.nl.go.kr)와 국가자료공동목록시스템(http://www.nl.go.kr/kolisnet)에서 이용하실 수 있습니다. (CIP제어번호 : 2017032995)